www.ingramcontent.com/pod-product-compliance
Lightning Source LLC
Chambersburg PA
CBHW051345280526
45784CB00007B/2826
* 9 7 8 1 0 9 8 8 7 3 2 2 6 *